Jäminkipohja Sundae

Teemu Paarlahti

Jäminkipohja Sundae

FSC
www.fsc.org

MIX

Paperi vastuul -
lisista lähteistä
Paper from
responsible sources

FSC® C105338

Teemu Paarlahti: Jäminkipohjan Sundae (2. tarkistettu painos)

Kustantaja: BoD – Books on Demand, Helsinki, Suomi
Valmistaja: BoD – Books on Demand, Norderstedt, Saksa

ISBN: 9789523300576

Muistan ensimmäisen kerran

se oli *madame*

kun minua kutsuttiin sanalla

monsieur

kun yritin 17-vuotiaana livahtaa

maksamatta Gare du Nordin käymälään Pariisissa

se kertoi jotakin vanhasta Euroopasta

mutta ei tehnyt hyvää kusihädälleni

vai oliko se kuusi vuotta myöhemmin

matkalla Cherbourgiin

yhtä kaikki *madame*

ja kaiken mausteena

hänen kärsivällisyytensä odottaa

lanttini kilahdusta lautaselle

minun ja Mika Waltarin asema

illuusio ja *madame*

muisti kutistaa vanhan ajan

maailman kokoisekseen.

Kuvakortteja vanhasta liitosta

Clapton soittaa, Laylaa

pienessä baarissa kaupungin pintakuohu asettuu

oluelle vasta vähän sodan päättymisen jälkeen.

Johdinauto nousee katua

vie työmiehen kotiin Mustamäelle

yön merkit piirtyvät ikkunan takana

odottamaton hymy murskaa lasin välissämme.

(Tallinna, heinäkuu 2000)

13.3.2000,

Mustamäen neuvostokennot.

Kävelen Sõprusea ja ajattelen

sataviisi kunnian ajatusta, melkein häpeän

kulkea ilman tarinoita, jotka kirjailija on kätilöinyt

vieraista saappaista, vieraan bensiinin kärystä

ennen seuraavaa siirtoa.

Yritän olla oikea runoilija, teen muistiinpanoja

lautasliinaan kulmabaarissa

jonkin matkaa turistisesongin ulkopuolella:

sota on ohi ja suomalaiset lehdet myyvät itseään

Tallinnan ilosalongeilla.

On kirjoitettu LOVE kerrostalon seinään,

ihmiset pesivät sen ikävässä ikkunoiden takana.

Taiteilija on jatkanut matkaansa,

mutta jättänyt sormenpäistään vaatimuksen.

(Tallinna, maaliskuu 2000)

Pärnu 13.3.2004.

Joen jää on mustana
pingviinejä ja pomminreikiä.
Sodan jumala seisoo rannalla ja huutaa:
Minä teen teistä ihmisten kalastajia!

Taas yksi talvi sodasta,
yksi päivä Venäjän orvaskedellä.
Tämä laji ei lähde kuin suutelemalla.

(Pärnu, maaliskuu 2004)

Narvan Mars on punainen:

olet tässä

sorretun vähemmistön kaupungissa

kerrostalon seinä kirkuu englanniksi

SUORITA PENETRAATIO

EUROOPAN UNIONIIN

rahasta, ei rakkaudesta me olemme yhtä

takana Mänttä ja Eurooppaa Pietarin tiellä.

Aika pysähtyy valtioiden väliin.

Joki ei ymmärrä luonnettaan,

vain ihminen katsoo sen kulkua lintu olkapäällään.

(Narva, kesäkuu 2004)

Kyytipojan tavernassa
nautin kuhaa ja venäläistä musiikkia.
Seinältä katselee Romanov.

Naapuripöydässä pulppuaa Turun murre.
Naiseni on siellä missä naiset käyvät matkoilla
aina tilaisuuden tullen.

Tuopissa on reilu korva,
kunnon hörö
leka huulessa saldo on kohdallaan
Kyytipojan tavernassa.

Turun murre jatkuu.
Naiseni tulee, Romanov ei
saa häntä kaikessa loistossaan.

(Pärnu, maaliskuu 2004)

Hana laskee alleen aamuvirtsanvärisen oluen.
Vaahtoa päälle.
Tenniskentällä pallo läjähtää jänteisiin.
Ajatus ottaa pompun.

Tuomiokirkon raunioissa asuu jumala
jonka kiellän,
mutta joka kyselee alati
koska rakennetaan kaupunki taas uudelleen?

(Tartto, elokuu 2001)

Muistokivet kertovat tuhoutuneista rakennuksista
niin kuin herranhuoneet ja teatterit
olisivat sodan subjekteja.

Käyn tyhjää Pyhän Nikolain kirkon paikalla.
Koira mulkaisee kerrostalon ikkunasta
ja raukeaa uneen.
Teen ristinmerkin.
Päätän olla pommittamatta
ainuttakaan koiraa raunioksi.

(Pärnu, maaliskuu 2004)

Suuri isänmaallinen sota on kielletty
alle kaksitoistavuotiailta

myöhäistä!
kevättä odotetaan Pietarissa

Fontanka verhoutuu räntään ja jossain soi
Borodinin Nocturne.

(Pietari, huhtikuu 2013)

Kipuan Rakveren ritarilinnaan
niin kuin Mäntän kirjastoon.
Tykki vaikenee: TERVETULOA!

Matkamuistomyymälässä kurkistan kaivoon.
Erotan sen pohjalla luurangon.
Jospa tässä on Haadeksen ovi?
En koputa, olen ohikulkumatkalla.

(Rakvere, kesäkuu 2004)

17

Kiskot ristissä

Kuressaaren hautausmaalla

rauta raskaana

tarinoista, joihin menneet on talletettu.

Veturi huohottaa, härkävaunut kirskuvat vaihteissa

eivätkä kaikki kieltäydy kuolemasta.

Ne ovat tässä.

Hiljaiset laulut, et omaksi saa.

(Kuressaare, heinäkuu 1998)

Selaan vanhaa matkaopasta ja rakastan
Neuvostoliittoa, joka oli lapsena meillä kotona
keittiön ikkunalla matkaradiossa.
Ihmiset kävivät uimassa ja ottivat aurinkoa siellä.

Ikuinen tuli on sammunut Voiton kukkulalla
hääseurue kilistelee maljansa
ja yön tullen morsian saa osansa,
   niin tulee olla
yhteiskuntajärjestelmästä riippumatta
kaikkien vuosikymmenien matkaoppaissa.

(Jalta, lokakuu 2003)

Runoilijoiden Jalta on kuollut,

derkkutytöt uineet merelle

lopullisesti.

Muistot Tšehovista ja vuoret,

aamun ukkospilvet,

kaupustelijat alikulun hämärässä

eivät vain ole keksineet, minne mennä

eikä kerjäläinen, joka suutelee hihaani lantista.

Hotellihuoneessa Al Bundy puhuu venäjää,

Magnitogorsk pelaa huonosti

ja kuutoskanava vilauttaa pakaraa: kaikki nähty

moneen, kyllästyneeseen kertaan.

Sinun päätäsi särkee jokin,

minä tuskailen kirjaa, jonka lukeminen ei maita.

Sanot, ettei se edisty ihmettelemällä.

Elämä edistyy onneksi ihmettelemällä.

(Jalta, lokakuu 2003)

Muutama askel rannasta on hotelli,
jossa vietimme kerran yön, kaksi.
En nähnyt silloin merta näin lähellä.
Muistan vain silmäsi ja taivaan.

Tämä olisi toinen ranta,
jos olisit lähtenyt
sen vuoden aikaiseen syksyyn,
jättänyt minulle yksinäisyyden
johon surevat haudataan.

Hiekka leikkii sandaaleissasi.
Piispanlinna seisoo takanani.
Muisto, joka odottaa
että tartun siihen vielä tämän kerran.

(Kuressaare, heinäkuu 2002)

Olla rakastunut pikkukaupungissa
lauantaina,
nuori ja vaivautunut
ihmisten katseista.

He kävelevät rantapromenadia
ja sade sulkee heidät omaan maahansa.
Hei eivät vielä tiedä elämästä
enempää kuin juuri nyt on
hyväksi ja tarpeen.

(Haapsalu, marraskuu 2010)

Rakastan sinua

niin kuin kymmenvuotias poika

kammoaa käsityöpuoteja,

torikauppiaiden katajakaluja

ja tavaratalojen naistenvaateosastoja,

rakastan sinua

niin kuin kymmenvuotias poika

laskee liukumäkeä uimarannalla:

tämän maan kielellä sinä olet naiseni

ja sillä kielellä, joka tunnustaa

vain rajat, jotka itse asetamme.

Katulyhtyjen pehmis, sen takana hiljainen kirkko,

pari kulkijoita ikkunan alla

jättää jälkeensä savukkeen tuoksun.

Runo kysyy miestä jättämään kynänsä

ja liittymään tämän maan kielellä naiseensa,

sulkemaan kaupungilta silmät ja karkaamaan

ruiskaunokkien kirjomiin peltoihin.

(Kuressaare, heinäkuu 2002)

Piipunsäde

Aamulla tarkistan kelloni

bussipysäkin ohi kulkevasta pakettiautosta

ja illalla koiralenkillä

siitä, että Eerolla on televisio auki

maailman olevan jotenkin radallaan.

Mitä tapahtuu silloin, kun näin ei ole,

lakkaako venäläinen taidemaalari

odottamasta syksyä?

Keskipäivä koillisessa

odotan kebabia ranskalaisilla ja jäävuorisalaatilla

lounastuntilaiset mutustelevat naapuripöydässä

eilen näytettyä dokumenttia Titanicista

sen mukaan laivaan lyötiin kolme miljoonaa niittiä

ja sen jäljiltä joka jätkällä kuoppa kuulossa,

sosiologian dosentti luennoi 80-luvulla

että duunarit ovat puheissaan

yllättävän numerokeskeisiä

jäävuori oli

tässä se viimeinen niitti.

Katu näyttää tyhjältä,
vain koira ja minä.

Ilma on suojan rajalla raskas.
Suljettujen kaihdinten takana
riidellään tai rakastellaan.

Jostain leijuu piipputupakan tuoksu.
Se palauttaa mieleeni Ukon kioskin
70-luvun Koikkarissa
ja miten ihminen ei nuorena pelkää
ajaa polkupyörällä talvella.

Maailmanloppu on kodinkonehuollon mies
jonka on puhe tulla tänään.

.

Siitä ei tiedä varmaksi
mikä sen ennen puolta päivää on
ja voi se siirtyä huomiselle.

Nuohooja kävi aamulla sanomassa
että aikaa pitää muuttaa
ja jotain sekin sillä tarkoitti.

Järvellä kuluvat vuodet.

Lokit kirkuvat ja tuuli nukkuu poissa.

Moottorin jyrinän yli

onnelliset ihmiset huutavat toisilleen.

Vihreä soutuvene keinuu mainingissa,

saaren rannassa mies voi pahoin heinikkoon.

Tämä on viimeinen kesä

ennen avioeroa, ensimmäistä humalaa

tai kuolemaa,

vielä tämän joku nauttii

niin kuin nautitaan taivasten valtakunta.

Etelässä piippu paljastaa kaupungin,

nuppineula kartalla merkitsee kotia.

Näen sen tyynenä iltana.

PAARLAHTI PLAYING BY REQUEST

Tilausruno Mäntän urkuviikolle 2007

Kaupungin linna on purettu
mutta aurinko pesee yhä ilman kyyneleitä
niin kuin ennen vanhaan
saunapäivänä Tammirannassa.

ja urut inspiroivat kaiken epäpuhtaan musiikin
paisutuskaappeihin

rakastuneen hymyn
kerrostalon ikkunasta karkaavan riidan ja ikävän
Savosenmäen vaienneet äänikerrat
terrierin heilurihännän ja runoilijan
lampsimassa hautausmaan laitaa
hajamielisenä ja herkkänä
pehmopaperikylän flat out −boogien piippu suussa

koulukeskuksen takana
keskiolutta kyykkypissaavat
huomisen äidit väkevät
voiman, joka tulee maasta
ja väen, joka tulee mistä väki tulee

pojan antamassa puistotien ovaalilla kyytiä
tytölle, niin hyvälle kuin Toyotalla saa
ja pariskunnat, joiden kävelysauvat soivat
vanhan liiton salaisuuksia

peltien kolinan bluesbändin treenikämpällä
ja Mustanlahden risteyksessä

lapsia pompottelevat trampoliinit
ja nykytaiteen pyhät toimitukset

juovat pillillä cocktailin

hölskyttelevät vatsassaan

vuotavat yli

kuntaliitoksissaan natisevan seutukunnan

Keurusselän tuonpuoleisille rannoille.

Niiden ympärille kutoutuu kirkko

joka on omistettu

monessa onnettomille ja säröisille meille.

Olen koirankorvilla, siksi kuulen ääniä

moninkertaisesti, Luoja puhelee

urkujen king size –hiljaisuudessa.

Koskee sieluun.

NÄKÖETÄISYYDELLÄ

Juhlaruno Mäntän kirjaston satavuotisjuhlassa
23.5.2012

I

Pääkadun kainalossa, näköetäisyydellä
kaupungin loistavasta menneisyydestä
monikulmio tuhansin sivuin.
Iso K.

Puhuttiin siitä, Puustinen ja minä
mitä törkyä ja ihanuutta kätkeytyy
jokaiseen kirjastoon
ja etteivät virkailijat aina ole niin lauhkeita
kuin Pekka Kejonen on kirjoittanut.
Ja että ne pelastavat henkiä.

Joskus kirjailijat menettävät päänsä.

Neuvosto-Virossa tuhottiin 30 miljoonaa nidettä.

Kirjat ovat vaarallisia ja siksi seksikkäitä.

Hyllyjä tyhjennettiin

myös Suomessa 1940-luvulla.

Sillä ei tarkoitettu mitään hyvää

toisin kuin 1970-luvulla

kun kirjastotäti ei päästänyt keskenkasvuisia

aikuisten osastolle.

Olen kuullut valkoisista taloista

Valgassa, Washingtonissa

ja radan toisella puolella.

Mutta mikään niistä ei vedä minusta vertoja

torinkulman jannekuutiolle.

II

Kun mies jää eläkkeelle ja päättää luopua
ruuhkavuosiensa kaunolaistelusta
hän lainaa Jaan Krossin
Uppiniskaisuuden kronikan
1245 sivua ja kannet päälle.
Se on rock and rollia se
eikä edes silmien korkeudelta.
Vuoroaan odottavat Alastalon salissa
ja seudulta naineen poliitikon muistelmat.

III

Juhlapyhien aukiolotiedote kertoo,
milloin kirjasto on kiinni.
Portaat aulasta kuin papin puheet
lupaavat ylhäällä parempaa.
Roisimpi versio tästä jutusta löytyy kirjastosta
sekin, Päätalosta tai jostakin muualta.

IV

Älä keskeytä!
Minulla on kiire, monta kokoelmaa kesken
ja kuolemakin tulossa.

Kysyt, olenko sairas.

– Lue runojani.

Entä tiedänkö, mitä kello on?

– Show Time!

Oikeat kirjat ovat välttämättömiä.

Istu nyt pytyllä jonkin kindlen kanssa.

V

Harvassa paikassa voi laskea niin kuin kirjastossa
paljonko verorahani tänä vuonna tuottavat

on myös paikkoja joissa en halua räknäillä
mitä nettoan mistäkin koneen piipahduksesta.

Kurjistuva kuntatalous niistää kirjastoista
runot ja sivarit.
Teoksia, jotka kirjastonhoitaja haluaisi itse lukea
ei kannata hankkia.
Viime kuussa hän tunnusti nauttineensa dekkarin.

Aika on museoinut vinyylit.
Tietokoneita ei panna talteen, ne ovat
avaruusromua jo syntyessään.
Kirjastokortti pysyy, vaikka ajolupa lähtee
ja tukka,
sanoo Puustinenkin, vanha jehu.

VI

Iso K.

Sirpale kauneinta

demokratiaa.

Vanhan liiton ihminen etsii kirjastosta kirjoja

ei varaa nettiaikaa

ei ensisijaisesti lirkuttele henkilökunnan kanssa

ei pahoita mieltänsä myöhästymismuistutuksista.

Kannan kesäksi kotiin valkoisen miehen taakan

hiihtoretkiä Grönlannin yli, joitakin murhia

ja gulagin

suuren lukuromaanin syvästä etelästä

tai miten olisi sumopaini tankojen kanssa?

Otan siivuja sieltä täältä ja mietin

aloittaisinko.

Ihailen miten aurinko ei laske.

Lasken itseni irti ja pidän kirjat
näköetäisyydellä.

(Juhlassa runon esitti Markku Hangaslahti)

Karjalainen mainstream

KARJALAINEN MAINSTREAM

Tilausruno Mäntän klubijazziin 26.7.2008

I

Laiva laivalta,

sulku sululta virtaa karjalainen mainstream,

rahtialusten saksofonit kommunikoivat

tuulessa vieraat tuoksut

silmissä toiset värit.

Matkalla minä sairastun loputtomasti

niin kuin loputtomaan maahan sairastutaan,

matkalla merelle

Karjalan merelle, Itämerelle, alkumerelle.

"Ja ylipäänsä on turhanpäiväistä esittää

kysymyksiä ja koettaa saada selville, miksi

Venäjä on Venäjä."

(Sitaatti: Lennart Meri)

Poiketaanko Pähkinäsaaressa kuuntelemassa
Timotheus von Bockin jazzimprovisaatioita
flyygelille,
lähdetäänkö kotimaan vuorolla Vladivostokiin?

II

Kenttäharmaa rasia mummulan kamarin pöydällä,
kanteen vuoltu kuva korsusta
allekirjoituksena Syväri 1942,
siinä kaikki mitä tiedän sodasta, jossa vaarini oli
yli kolmekymmentä vuotta.

Avaan kannen ja kuuntelen maiskutusta,
kun joki syö reunojaan
niin kuin söi vaaria kerros kerrokselta pois.

III

Joki imee laivoja Laatokkaan.
Rannalla on venäläiset kasvot,
taivaalla sateenkaari,
surumielinen hymy kaiken yllä.

Poika huutaa tervehdyksen
ja hyppää uimaan pilven päälle.
Maininki kohauttaa rantaa, tietoisuus ajasta
huuhtoutuu sen mukaan.
Poika höristää veden korvistaan.
Virta on kuultava.

Tulos on tuntematon sana.

Muistan Äänisen aallot: olimme yhtä pinnan alla,
ja siksi meillä on oikeus näihin maihin.

IV

Lotinanpelto opettaa:

täällä soi syvän idän dixieland,

Bourbon Streetillä revitelty Kondratjevon polkka.

Kerrostaloissa riittää ikkunoita jokaiselle,

raikuvat uimarit joessa.

Täällä asuvat joutsenen ja Ladan tyttäret.

Silta yli iloisen virran vain on huonossa kunnossa,

sitä hallinnoivat runoilijat.

Ja jos kirjoitat jokilaivassa

älä pane paperia pyttyyn, se tukkii inspiraation.

V

– Reino, muistatko ne jortsut?

Kun aurinko lähestyy jo puiden latvoista
kovien keikkojen veteraani muistaa,
kuinka kauniita olivat Ääninen
ja pari pienempää järveä siipien alla
ja miltä tuntui lentää
pitkin Syväriä hakaristipurjein.

Lasissa on jäljellä tilkka,
mutta joki kertoo jo iltahuutoja rannoillaan.
Virtaa riittää,
keskijuoksulla Tower of Power laulaa
langat punaisiksi,
sähkö täyttää viisivuotissuunnitelman
vanhasta muistista.
Valo painaa vielä pimeän tieltään.

VI

Karjalainen mainstream,
sen juoksussa on vihattu
ryssää ja valkobandiitteja,
hämärä kutsuu,
kun katselen tummuvan rannan lehväslaihoja
ja joki avaa kulkuaan kuin hiihtopartio Vinnitsyyn.

Auringon pannessa silmät kiinni
 huulet saavat kosketuksen
ja antautuvat moninkertaisen ylivoiman edessä.

Jäminkipohja Sundae

Olen aurinko

elokuun illassa metsänreunaa hiipivä halu

koskettaa samettia

tesomantyttöä

80-luvun Tampereella

kun SN-Seura esittää elokuvaa

ulkoilmanäytöksessä Kiovan puistossa

ja vanhan Hervannan tien notkopaikoissa

on jo aamuyöstä sumuista ja viileää

luulen olevani kaukana

oma itseni irrallaan

valmis ruksimaan rasteja vääriin ruutuihin.

Syötä yksi sundae kuitenkin.

Maisema.

Minulle se on ollut rauhaa ja tylsää kesäaurinkoa

vaari keräsi siitä poikana hylsyjä

isä kertoi

enkä muista isän muulloin kutsuneen vaaria isäksi.

Hylsyjä ei ollut pitkin mäkiä kaljanjuonnista.

Isotäti upotti ne sittemmin selkään

kun pelkäsi loppuräjähdystä.

Se vitutti vaaria vuosia.

Kun maalasimme talkoilla sukulaistaloa

Kangasniemellä

pääty, johon sähkölinja tuli sudittiin isotädin

ollessa käymässä

Jyväskylässä.

Maisema on opettanut paljon, senkin, ettei

kohta verkoilta tultuaan kannata heittää tikkaa.

Kuulen kylillä,
että torppareilla meni oikeastaan aika hyvin.

Vaari varttui Pohjantähden alla
sosialidemokraatti-isän mukulasta
kokoomuslaiseksi mieheksi
ja saatuaan tarpeekseen sahanomistajasta
joksikin muuksi.
Haetutti pojan Pobedalla Korkeakosken asemalta.

Isovaari oli työväenliikkeen hyväosainen
Mäkelinin kätellyt maatalousyhteisön paperimies.
Hänen väkensä noukittiin radanvarresta hevoseen,
kun torpparit oli jo vapautettu,
mutta isovaarin mielestä
heillä ei mennyt vieläkään hyvin.

Nyt Korkeakosken asemalta ei haeta ketään,
vuosikymmenet vain siinä sivussa pinossa.

Mummu ja vaari asuivat kansakoululla.
Siellä oli kylän ensimmäisiä puhelimia.

Kun vaari soitti, hän aloitti:
"Täällä puhuu Yrjö Virtanen Nirvan koululta,
huomenta"
kellonajasta riippumatta.
Ajallaan hän oppi uuden nimen,
mutta "huomenta" säilyi.

Sillä tavalla vaari muuttui
vähitellen niin kuin maisema.

Minun vaarini oli Stalinia suurempi mies.

Stalin oli vaarille monta vuotta

tosi paska kaveri

eikä sillä siksi olisi ollut asiaa

mummulan rantaan saunomaan.

Silmänpohjastani otettiin kuva.

Siinä näkyi

sinun kuvasi

sinistä, vihreää

ja rypsipellonkeltaista.

Katson kallion päältä

iltavalon leikkimää järvenpintaa

vastarannan tummaa metsää

kysyn

pystyykö kynäni

kirjoittamaan näillä väreillä.

Maisema on keltainen.

Rannassa on sauna valmis ja toinen kallion päällä.

Vesi on lämmitä,

kaakkoistuuli ei ole myllännyt lahtea.

Veneet halkovat verkkaan selkää,

niistä naarataan naapurinmiestä.

Keltainen kypsyy punaiseksi,

valo ja varjo sivellään illaksi.

Kesä kahahtaa koivussa

ja veneet seisahtuvat niemen kainaloon.

Päivä tihkuu laudanraoista liiteriin

pöllin päässä on kirves

ja talon nurkan takaa pilkottaa

enon servoletti

paska haisee huusinalustasta

mummu on kuollut

mutta maata viljellään vielä

miehet palaavat heinästä ja sodasta samaa rataa

kuin sinne lähtivät.

Jäminkipohjan urhojen muisto.

Huomaan avanneeni väärän oven ja kuitenkin

maisema valottuu vaatimatta

sen tarkempaa kuvausta

minulle vieras, minä sille

vanha tuttu.

Kylä on lähes ennallaan:

kolme kauppaa,

kaksi pankkia

ja posti vain ovat poissa,

saha palanut ja tie ohi

huoltoasema kasvaa vesakkoa

ja kasa renkaita

odottaa seuraavaa kuunkierrätystä.

Maisema hiipuu.

Ehkä minäkin lähtisin täältä,

jos voisin.

Vain moottorisaha kurnuttaa enää näillä main

ja katkaisee pihan reunassa tirskuvat lepät:

metsä vetäytyy kurottautuakseen taas nurmikon yli

kohti tietä ja kuusten sekaamaa koivikkoa

välissä talo, minkä vihreältä voi,

viisikymmentä kulunutta vuotta

mustavalkoisia kuvia,

sitten muistot saavat väriä, silmissä pyörii

kaitafilmejä täynnä vainajia

mummu ja paappa Pohjanmaalta

mummu ja vaari Kuoppamäestä

naapurin lehmät poissa kaikki

lapset juoksevat taloa ympäri

Viren johtaa, puut odottavat karsintaa

viisikymmentä kulunutta vuotta:

pyyhin hikeä jäminkipohjantekstiiliin

paarmanpuremat kutiavat,

auringon lasku on punainen, se hehkuu niskassa
ja tekee tytöille viivan selkään poikittain

aina uusissa kesissä, aina uusissa kuvissa
lapset tulevat nurkan takaa
minä odotan jo hetkeä, jolloin varjo lankeaa
ja päälle pyörähtävät laiskan mielen kuvatallenteet,
lasissa vaitelias viini
ikkuna auki eurooppalaiselle tielle
jota postiauto ei enää mene neljän jälkeen
mutta ihmisillä riittää yhä asiaa toisilleen
tien takana peltoa ruisrääkän huutaa.

Autot jurraavat mäkeä iltavaloon,
niin on ollut viisikymmentä kulunutta vuotta
moottorisaha kurnuttaa, sillä on vasta lauantai
savulonkero nousee saunanpiippua
ja aurinko särkyy lehvästön läpi aina uusiin kesiin.
savulonkero nousee saunanpiippua ja aurinko
särkyy lehvästön läpi aina uusiin kesiin.

Jokin minusta on jäänyt

1970-luvun maisemaan

sahaan

heinäpaaleihin ja ladoihin

korville katsellun jallun aukeamille

pysäytettyihin kuviin

jokin siitä minuun.

Jälkinäytös kaupungissa

Tyttö tulee vastaan

Yliopiston apteekin kohdalla.

Silmät syttyvät

ilme kirkastuu ja koko ihminen

herää eloon

lähtee juoksemaan kohti

torin laitaan pysähtynyttä linjan 21 bussia.

Tämän kokoelman runot

Tämän kokoelman runot on kirjoitettu vuosina 1998–2015. Osa niistä on ilmestynyt aikaisemmin, osa on nyt näkösällä ensimmäistä kertaa. Ennemmin julkaistuja tekstejä on paikka paikoin editoitu silkkihansikkain. Runojen alkuperäinen idea on kuitenkin kaikissa tallella. Julkaisutiedot käyvät ilmi alla.

Muistan ensimmäisen kerran: *aikaisemmin*

julkaisematon

Kuvakortteja vanhasta liitosta

Clapton soittaa, Laylaa: *Mäntän Joulu 2002*

13.3.2000: *Mäntän Joulu 2002*

Pärnu 13.3.2004: *Mäntän Joulu 2004*

Narvan Mars on punainen: *Mäntän Joulu 2004*

Kyytipojan tavernassa: *Mäntän Joulu 2004*

Hana laskee alleen: *Mäntän Joulu 2002*

Muistokivet kertovat tuhoutuneista rakennuksista:

Mäntän Joulu 2004

Suuri isänmaallinen sota on kielletty: *aikaisemmin*

julkaisematon

Kipuan Rakveren ritarilinnaan: *Mäntän Joulu*

2004

Kiskot ristissä: *Mäntän Joulu 2002*

Selaan vanhaa matkaopasta ja rakastan: *Mäntän Joulu 2004*

Runoilijoiden Jalta on kuollut: *Mäntän Joulu 2004*

Muutama askel rannasta on hotelli: *Mäntän Joulu 2002*

Olla rakastunut pikkukaupungissa:

Vilppulan Joulu 2011

Rakastan sinua: *Mäntän Joulu 2002*

Piipunsäde

Aamulla tarkistan kelloni: *aikaisemmin*

julkaisematon

Keskipäivä koillisessa: *aikaisemmin julkaisematon*

Katu näyttää tyhjältä: *aikaisemmin julkaisematon*

Maailmanloppu on kodinkonehuollon mies:

aikaisemmin julkaisematon

Järvellä kuluvat vuodet: *Aamulehti 2004*

Paarlahti Playing By Request : *V Mäntän*

urkuviikko 2007. Ohjelmakirja

Näköetäisyydellä: *Kirjallisuusterapia 2/2012*

Karjalainen Mainstream:

Vilppulan Joulu 2008

Jäminkipohja Sundae

Olen aurinko: *aikaisemmin julkaisematon*

Maisema: *aikaisemmin julkaisematon*

Kuulen kylillä, että torppareilla meni oikeastaan aika hyvin: *aikaisemmin julkaisematon*

Mummu ja vaari asuivat kansakoululla: *aikaisemmin julkaisematon*

Minun vaarini oli Stalinia suurempi mies: *aikaisemmin julkaisematon*

Silmänpohjastani otettiin kuva: *aikaisemmin julkaisematon*

Katson kallion päältä: *aikaisemmin julkaisematon*

Maisema on keltainen: *aikaisemmin julkaisematon*

Päivä tihkuu laudanraoista liiteriin: *aikaisemmin julkaisematon*

Kylä on kähes ennallaan: *aikaisemmin julkaisematon*

Vain moottorisaha kurnuttaa enää näillä main:

Ruoveden Joulu 2002

Jokin minusta on jäänyt: *aikaisemmin*

julkaisematon

Jälkinäytös kaupungissa

Tyttö tulee vastaan: *aikaisemmin julkaisematon*

Sisällys